D1326514

La naissance de M&M'S® a pour toile de fond la guerre civile espagnole dans les années 1930. La légende rapporte qu'en voyage en Espagne, Forrest Mars rencontre des soldats mangeant des pastilles de chocolat. En ces temps-là, la sensibilité du chocolat aux températures limitait significativement son transport et sa commercialisation. Forrest Mars a alors trouvé la solution suivante : créer un bonbon enrobé de sucre dont le cœur au chocolat fond dans la bouche mais pas dans la main !

Commercialisé aux États-Unis dans les années 1940, les M&M'S® vont connaître un véritable succès. Un procédé complexe et breveté fut inventé permettant d'imprimer sur chaque bonbon le célèbre « M » permettant ainsi au consommateur d'identifier le produit d'origine.

D'abord commercialisées sous le nom de TREETS® en France, les fameuses pastilles colorées sont renommées M&M'S® dans les années 1980. Il existe désormais 4 variétés: M&M's® Peanut avec son cœur de cacahouète enrobé de chocolat au lait, M&M's® Choco tout en chocolat au lait, M&M's® Crispy avec son cœur de riz soufflé et M&M's® Intense avec sa cacahouète enrobée de délicieux chocolat noir.

Depuis plus de 25 ans, M&M'S® c'est du plaisir et du fun à partager et à cuisiner désormais !

Chez Mars, Incorporated le propriétaire de M&M'S®, nous pensons que le plaisir fait partie intégrante d'une vie saine et agréable. C'est pour cela que nous œuvrons afin qu'équilibre et plaisir soient au cœur de nos produits. En effet, les aliments plaisirs peuvent être consommés dans le cadre d'une alimentation équilibrée et d'un mode de vie saine.

Le petit livre

M&M'S®

CLAIRE GUIGNOT
Photographies de Ilona Chovancova

MARABOUT

SOMMAIRE

KIT LES ESSENTIELS

PÂTE À TARTINER M&M'S®

100 g de chocolat noir, 100 g de M&M's® Peanut, 6 cuillerées à soupe de crème fleurette, 6 cuillerées à soupe de lait

À l'aide d'un robot, réduire les M&M's® en poudre. Au bain-marie, faire fondre le chocolat et la poudre de M&M's® (ajouter une noisette de beurre si le mélange a du mal à fondre). Ajouter la crème et le lait hors du feu et lisser au fouet. Laisser tiédir, verser en pot et conserver au frais.

GANACHE AUX M&M'S®

75 g de chocolat noir, 200 g de M&M's® Peanut, 100 g de crème fleurette entière

À l'aide d'un robot, réduire les M&M's® en poudre. Hacher le chocolat. Dans une casserole, porter la crème fleurette à ébullition. Verser sur le chocolat et la poudre de M&M's® en fouettant jusqu'à ce que le mélange soit lisse. Laisser tiédir un peu avant de l'utiliser (sinon la ganache est trop liquide).

PÂTE À TARTINER PRALINÉ ET M&M'S®

100 g de chocolat pâtissier au praliné, 100 g de M&M's® Peanut, 6 cuillerées à soupe de crème fleurette, 6 cuillerées à soupe de lait

À l'aide d'un robot, réduire les M&M's® en poudre. Au bain-marie, faire fondre le praliné et la poudre de M&M's® (ajouter une noisette de beurre si le mélange a du mal à fondre). Ajouter la crème et le lait hors du feu et lisser au fouet. Laisser tiédir, verser en pot et conserver au frais.

4

KIT SABLÉS

15 MIN DE PRÉPARATION – 30 MIN DE RÉFRIGÉRATION – 15 MIN DE CUISSON – 15 MIN DE REPOS

POUR 20 BISCUITS ENVIRON

SABLÉS M&M'S® NATURE

200 g de farine, 130 g de beurre mou, 65 g de sucre glace, 100 g de M&M's® Peanut

Préchauffer le four à 180 °C.
Mélanger la farine, le beurre et le sucre et former un boudin de 5 à 8 centimètres de diamètre. Placer la pâte au frais pour une trentaine de minutes. Concasser les M&M's® grossièrement. Sortir la pâte du réfrigérateur et la rouler dans les M&M's® concassés. Découper le boudin en tranches et les placer sur la plaque du four recouverte de papier sulfurisé. Enfourner une quinzaine de minutes jusqu'à coloration. Laisser reposer 15 minutes avant de décorer.

SABLÉS M&M'S® DOUBLE CHOCO

Des sablés M&M's® nature, 50 g de chocolat noir, quelques M&M's® Choco

Faire fondre le chocolat noir. Badigeonner les sablés de chocolat fondu et décorer de M&M's® Choco.

SABLÉS DÉGUISÉS EN M&M'S®

Des sablés M&M's®, 10 g de blanc d'œuf, 50 g de sucre glace, des colorants alimentaires

Mélanger le blanc d'œuf et le sucre glace de manière à obtenir une pâte blanche, homogène et collante. La diviser en plusieurs parts et teindre ces glaçages aux couleurs des M&M's®, en gardant un peu de glaçage blanc. Recouvrir les sablés de glaçage couleur, et dessiner un « m » blanc au centre de chacun d'eux.

KIT SANDWICHS

15 MIN DE PRÉPARATION PAR RECETTE

POUR 6 SANDWICHS

SANDWICHS SPECULOOS®

12 Spéculoos®, une bombe de chantilly, quelques M&M's® Peanut

Concasser grossièrement les M&M's®. Recouvrir la moitié des Spéculoos® de chantilly. Placer des éclats de M&M's® sur la chantilly et recouvrir avec le reste des Spéculoos®.

SANDWICHS FINANCIERS

12 financiers, 300 g de ganache aux M&M's® (voir recette page 4), 100 g de M&M's® Choco et Crispy

Tartiner généreusement la moitié des financiers avec la ganache. Recouvrir d'un second financier et décorer de M&M's® Choco et Crispy.

SANDWICHS CHOCOS PETITS-BEURRE AUX M&M'S®

12 mini petits-beurre, 150 g de ganache M&M's® (voir recette page 4), 50 g de chocolat noir, quelques M&M's® Choco

Faire fondre le chocolat noir. Tartiner la moitié des petits-beurre de ganache M&M's®. Recouvrir chaque sandwich avec l'autre moitié des biscuits. Plonger le haut du sandwich dans le chocolat fondu et décorer de M&M's® Choco.

8

POTION SPICY CHOCO AUX M&M'S®

15 MIN DE PRÉPARATION – 5 MIN DE CUISSON

POUR 2 BOLS

75 g de chocolat noir
ou au lait

75 g de M&M's® Peanut

20 cl d'eau

10 cl de crème fleurette

1 pincée d'épices
(cannelle, muscade,
piment…)

1- À l'aide d'un robot, réduire les M&M's® en poudre fine.

2- Hacher le chocolat et l'ajouter à la poudre de M&M's®.

3- Faire bouillir l'eau et la crème fleurette. Verser en fouettant sur le chocolat.

4- Reverser le tout dans la casserole et continuer à chauffer doucement en fouettant pendant 1 ou 2 minutes.

5- Verser dans les bols et saupoudrer d'épices.

CHOC' M&M'S®

1- Prélever 50 g de M&M's® et les réduire en poudre à l'aide d'un robot.

2- Faire fondre cette poudre au bain-marie avec le chocolat noir (ajouter une noix de beurre si le mélange a du mal à fondre).

3- Concasser grossièrement le reste des M&M's® et les mélanger à la masse fondue.

4- Verser dans deux moules en forme de plaquettes de chocolat. Décorer d'éclats de M&M's® et placer au frais pour une nuit avant de démouler.

POUR 2 PLAQUES

150 g de chocolat noir
100 g de M&M's® Intense

M&M'S® CHOCO-STICKS

30 MIN DE PRÉPARATION – 15 MIN DE CUISSON – 45 MIN DE REPOS

POUR 10 STICKS ENVIRON

100 g de farine

25 g de sucre

25 g de beurre mou

1 cuillerée à soupe d'eau froide

quelques gouttes d'extrait de vanille bio

200 g de ganache aux M&M's® Peanut (voir recette page 4)

quelques M&M's® Peanut concassés pour le décor

1- Préchauffer le four à 180 °C.

2- Mélanger la farine, le sucre et le beurre avec les doigts. Ajouter l'eau et l'extrait de vanille. Si la pâte paraît sèche, rajouter un peu plus d'eau. Si, au contraire, elle est trop collante pour être manipulée, rajouter de la farine. Travailler la pâte le moins possible.

3- Prélever une boule de la taille d'une petite noix et la rouler avec la paume de la main jusqu'à obtenir un bâtonnet fin et long.

4- Ranger les sticks sur la plaque du four recouverte de papier sulfurisé et enfourner pour 15 minutes jusqu'à ce qu'ils soient bien secs et légèrement dorés.

5- Lorsque les sticks ont refroidi, les badigeonner de ganache et décorer avec des éclats de M&M's®.

6- Laisser figer 45 minutes avant de déguster.

LANGUES DE CHAT DOMINOS

20 MIN DE PRÉPARATION – 15 MIN DE CUISSON – 2 H DE REPOS

POUR 20 BISCUITS ENVIRON

60 g de beurre mou

80 g de sucre glace

80 g de farine

1 blanc d'œuf

quelques gouttes d'extrait de vanille bio

100 g de chocolat noir

100 g de M&M's® Choco

1- Préchauffer le four à 170 °C.
2- Fouetter le beurre très mou avec le sucre glace. Ajouter la farine, le blanc d'œuf et l'extrait de vanille. Mélanger à la spatule en bois jusqu'à obtenir un mélange homogène.
3- À l'aide d'une poche à douille, dresser des bâtonnets de pâte sur la plaque du four recouverte de papier sulfurisé. Bien espacer les biscuits car la pâte va s'étaler à la cuisson.
4- Enfourner pour une quinzaine de minutes jusqu'à ce que les bords des langues de chat commencent à roussir.
5- Laisser refroidir.
6- Faire fondre le chocolat au bain-marie. Tremper les langues de chat dans le chocolat jusqu'à recouvrir la moitié de leur surface.
7- Décorer de M&M's® et laisser sécher deux heures avant de déguster.

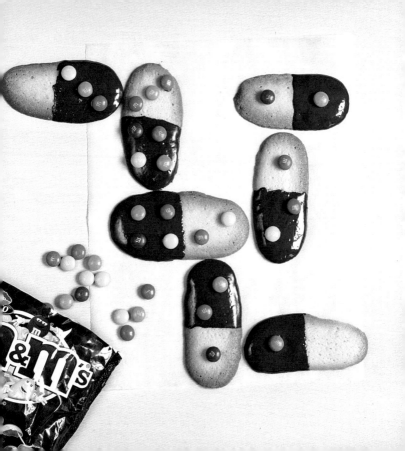

SHORTBREADS ET M&M'S®

20 MIN DE PRÉPARATION – 30 MIN DE CUISSON – 30 MIN DE REPOS

POUR 12 BISCUITS ENVIRON

100 g de sucre en poudre

200 g de beurre mou

300 g de farine

1 pincée de sel

POUR LE DÉCOR

20 g de blancs d'œufs

100 g de sucre glace

50 g de M&M's® Choco

1 - Préchauffer le four à 150 °C.

2 - Fouetter ensemble le beurre mou, le sel et le sucre, puis la farine.

3 - Verser la pâte dans un moule carré et laisser reposer 30 minutes au frais.

4 - Enfourner ensuite pour 30 minutes.

5 - Laisser refroidir, démouler et découper les shortbreads délicatement car la pâte est friable.

6 - Mélanger le blanc d'œuf cru et le sucre glace jusqu'à obtenir une pâte homogène, blanche et collante.

7 - Décorer les shortbreads de ce glaçage et de M&M's®.

PANCAKES M&M'S® ET CARAMEL AU BEURRE SALÉ

20 MIN DE PRÉPARATION – 15 MIN DE CUISSON – 15 MIN DE REPOS

POUR 12 PANCAKES ENVIRON

170 g de farine

2 cuillerées à soupe de sucre

2 œufs

30 cl de lait

1 demi-sachet de levure chimique

2 cuillerées à soupe d'huile

1 pincée de sel

50 g de M&M's® Crispy ou Peanut

quelques M&M's® Choco pour le décor

du caramel au beurre salé

1- Battre les œufs, le sel et le sucre.

2- Ajouter le lait, l'huile, la farine et la levure. La pâte doit être un peu plus épaisse qu'une pâte à crêpes. Laisser reposer 15 minutes.

3- Concasser les M&M's® et les ajouter à la pâte.

4- Faire chauffer une poêle avec un peu de matière grasse et verser une petite louche de pâte. Lorsque des bulles apparaissent à la surface du pancake, le retourner.

5- Laisser cuire 1 minute supplémentaire et débarrasser sur une assiette. Recommencer jusqu'à épuisement de la pâte.

6- Décorer avec des M&M's® Choco et servir avec le caramel au beurre salé.

PAIN D'ÉPICES ET FONDANT M&M'S®

15 MIN DE PRÉPARATION – 40 MIN DE CUISSON

POUR 6 PERSONNES

250 g de farine

1 œuf

50 g de sucre roux

50 g de beurre

50 g de crème fleurette entière

150 g de miel

1 sachet de levure chimique

4 cuillerées à café d'un mélange de cannelle, muscade, et gingembre moulu

300 g de ganache aux M&M's® Peanut (voir recette page 4)

quelques M&M's® Choco pour le décor

1- Préchauffer le four à 180 °C.

2- Faire fondre le beurre et le miel. Hors du feu, rajouter la crème et l'œuf.

3- Dans un saladier, mélanger la farine, le sucre, la levure et le mélange d'épices. Verser le mélange chaud par dessus.

4- Incorporer jusqu'à obtenir une masse homogène, puis enfourner pour 40 minutes : la pointe du couteau doit ressortir sèche.

5- Une fois le pain d'épices refroidi, le tartiner généreusement de ganache M&M's® et décorer de M&M's® concassés.

M&M'S® À L'ENVERS

20 MIN DE PRÉPARATION – 8 MIN DE CUISSON

POUR 20 BISCUITS ENVIRON

135 g de beurre
de cacahuètes

60 g de beurre mou

90 g de sucre

1 œuf

120 g de farine

2 cuillerées à café
de levure chimique

100 g de ganache
M&M's® Peanut
(voir recette page 4)

1- Préchauffer le four à 190 °C.
2- Battre le beurre mou, le beurre de cacahuètes et le sucre ensemble.
3- Ajouter l'œuf, puis la farine et la levure.
4- Former des petites boules aplaties et disposez-les sur la plaque du four recouverte de papier sulfurisé. Avec votre petit doigt, faire un trou au milieu de chaque palet (en cuisant, les palets vont s'étaler et le trou s'élargir).
5- Cuire 8 minutes au four.
6- Laisser refroidir.
7- Remplir les creux des biscuits de la ganache M&M's®.

ESCARGOTS AUX M&M'S®

15 MIN DE PRÉPARATION – 20 MIN DE CUISSON – 2 H 30 DE REPOS

**POUR 15 ESCARGOTS
ENVIRON**

150 g de beurre mou

500 g de farine

30 g de sucre

3 œufs + 1 jaune

1 grosse pincée de sel

50 g de M&M's® Peanut

1 sachet de levure
boulangère sèche

5 cl de crème fleurette

5 à 10 cl de lait

1- Préchauffer le four à 180 °C.

2- Mélanger la farine et la levure. Ajouter les œufs puis le sucre, le beurre mou, la crème puis 5 cl de lait.

3- Commencer à pétrir. La pâte doit être élastique et collante. Si elle vous semble trop sèche, rajouter 5 cl de lait. Pétrir à la main ou au robot pendant 5 à 8 minutes.

4- Former une boule et faire lever la pâte 2 heures dans une pièce chaude.

5- Au bout de ce temps, rompre la pâte en la pétrissant quelques instants, puis l'étaler en rectangle à l'aide d'un rouleau à pâtisserie. Disposer les M&M's® sur ce rectangle de pâte.

6- Rouler la pâte sur elle-même de manière à obtenir un gros cylindre. La couper en tranches de 4 centimètres d'épaisseur et les disposer sur la plaque du four recouverte de papier sulfurisé.

7- Faire lever encore 30 minutes.

8- Badigeonner les escargots avec le jaune d'œuf allongé d'une cuillère à soupe d'eau, puis enfourner pour 20 à 30 minutes jusqu'à ce qu'ils soient bien dorés.

SUCETTES MENDIANTES AUX M&M'S®

20 MIN DE PRÉPARATION – 2 H DE REPOS

POUR 10 SUCETTES

100 g de chocolat noir

100 g de graines et de fruits secs (amandes, pistaches, graines de courges...)

100 g de M&M's® Choco

1- Faire fondre le chocolat au bain-marie.

2- Préparer une plaque recouverte de papier sulfurisé.

3- Remplir une poche à douille avec la moitié du chocolat et dessiner des volutes de chocolat en forme de disques. Laisser reposer 15 minutes.

4- Sur les disques chocolatés, disposer les fruits secs et les M&M's® délicatement.

5- Déposer un bâton de sucette par disque (on peut utiliser des pics à brochette raccourcis).
Remplir la poche avec le reste du chocolat, et dessiner de nouvelles volutes sur les sucettes pour emprisonner les fruits secs et les M&M's®.

6- Laisser figer à l'air libre pendant 1 heure ou 2, puis décoller très délicatement avant de déguster.

LE CAKE MYTHIQUE

15 MIN DE PRÉPARATION – 30 MIN DE CUISSON

POUR 1 CAKE

60 g de sucre

3 œufs

180 g de farine

1 sachet de levure chimique

12 cl de crème fleurette

quelques gouttes d'extrait de vanille bio

du sel

150 g de M&M's® Peanut

POUR LE DÉCOR

du sucre glace

1- Préchauffer le four à 180 °C.

2- Fouetter ensemble les œufs, le sucre et le sel.

3- Ajouter la farine, la levure, la vanille, la crème et les M&M's® concassés.

4- Verser dans un moule à cake bien beurré et enfourner pour 30 minutes. La pointe d'un couteau doit ressortir sèche lorsque le cake est cuit.

5- Quand le cake a refroidi, le saupoudrer de sucre glace.

GUIMAUVES EN HABITS DE M&M'S®

10 MIN DE PRÉPARATION – 5 MIN DE CUISSON – 2 H DE SÉCHAGE

POUR 15 BOUCHÉES

15 cubes de guimauve colorée

150 g de chocolat noir

50 g de M&M's® Choco

1- Faire fondre le chocolat noir au bain-marie. Quand le chocolat est bien lisse et bien fondu, retirer la casserole du feu et laisser tiédir quelques instants.

2- Tremper les cubes de guimauve dans le chocolat fondu. Décorer avec des M&M's® et laisser sécher 2 heures avant de déguster.

M&M'S® FEUX TRICOLORES

20 MIN DE PRÉPARATION – 1 H À 1 H 30 DE CUISSON

1- Préchauffer le four à 130 °C.

2- Battre les blancs en neige ferme, en leur ajoutant une cuillère à soupe de sucre à mi-parcours pour les soutenir. Quand les blancs sont bien montés, ajouter le mélange sucre et sucre glace, et continuer de battre pendant 1 minute.

3- À l'aide d'une poche à douille, former des petits doigts de meringue sur la plaque du four recouverte de papier sulfurisé.

4- Disposer trois M&M's® par meringue, et enfourner pour 1 heure.

5- Si au bout de ce temps la meringue n'est pas encore sèche et ne se décolle pas, prolonger la cuisson autant que nécessaire (on peut éventuellement entrouvrir la porte du four pour laisser évacuer l'humidité).

POUR 30 FEUX

2 blancs d'œufs

50 g de sucre en poudre
+ 1 cuillerée à soupe

60 g de sucre glace

100 g de M&M's® Choco

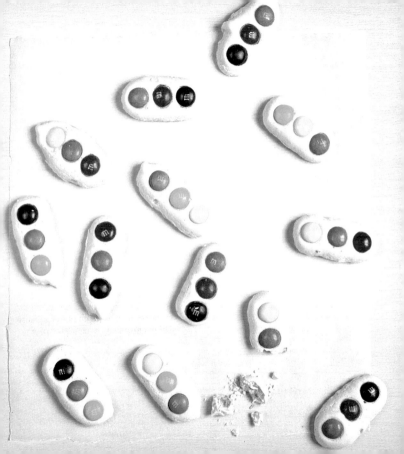

COOKIES M&M'S® AUX CINQ PARFUMS

20 MIN DE PRÉPARATION – 12 MIN DE CUISSON

POUR 15 COOKIES ENVIRON

100 g de M&M's® Peanut

200 g de farine

100 g de sucre

120 g de beurre mou

1 œuf

1 cuillerée à soupe de cacao en poudre

1 cuillerée à café de levure chimique

1 pincée de sel

100 g de M&M's® Choco

quelques gouttes d'extrait de vanille bio

1 cuillerée à café de zeste d'orange bio ou non traitée

1 fève tonka

quelques gouttes d'arôme naturel de menthe

1 pincée de piment d'Espelette

1- Mixer les M&M's® Peanut au robot jusqu'à obtenir une poudre fine.

2- Préchauffer le four à 180 °C.

3- Mélanger le beurre mou avec l'œuf de manière à obtenir une masse homogène.

4- Dans un saladier, mélanger le sucre, la farine, la levure et le sel. Ajouter le mélange beurre et œuf puis la poudre de M&M's® et le cacao.

5- Trier les M&M's® Choco par couleur.

6- Répartir la pâte dans 5 bols différents.

7- Rajouter les M&M's® dans la pâte avec les arômes, en les répartissant de la manière suivante :
- pour les M&M's® jaunes, quelques gouttes d'extrait de vanille
- pour les M&M's® verts, quelques gouttes d'arôme naturel de menthe
- pour les M&M's® orange, une cuillère à café de zeste d'orange râpé
- pour les M&M's® bleus, un quart de fève tonka râpée
- pour les M&M's® rouges, une pincée de piment d'Espelette

8- Former des petites boules de pâte et les disposer sur la plaque du four recouverte de papier sulfurisé.

9- Enfourner pour 10 à 12 minutes.

36

BROWNIE CAKE POPS AUX M&M'S®

40 MIN DE PRÉPARATION – 1 H 15 DE REPOS

POUR 20 SUCETTES ENVIRON

200 g de brownie au chocolat

100 g de M&M's® Peanut

100 g de fromage frais type Philadelphia

1 cuillerée à soupe de cacao en poudre

POUR LE DÉCOR

350 g de pâte à sucre blanche (disponible dans les magasins d'ustensiles de pâtisserie)

des colorants alimentaires

paillettes alimentaires et crottes en chocolat de couleur

50 g de chocolat noir

1- Mixer le brownie au robot jusqu'à obtenir une poudre grossière.

2- Mixer les M&M's® pour les réduire en poudre fine.

3- Mélanger ces deux poudres, et leur ajouter le fromage frais et le cacao.

4- Placer cette pâte au frais pendant 1 heure.

5- Sortir la pâte. Prélever une cuillère et former une boule régulière, et ainsi de suite jusqu'à utilisation complète de la pâte. Replacer les boules au frais pour une quinzaine de minutes.

6- Colorer la pâte à sucre aux couleurs des M&M's®.

7- Faire fondre le chocolat noir.

8- Étaler finement la pâte à sucre pour envelopper chaque boule de gâteau. Placer un bâton de sucette (on peut utiliser un pic à brochette raccourci).

9- Plonger les cake pops dans le chocolat, puis les décorer avec les paillettes alimentaires.

PIZZAS FRUITÉES AUX M&M'S®

20 MIN DE PRÉPARATION – 20 MIN DE CUISSON

POUR 4 PETITES PIZZAS

1 rouleau de pâte à pizza

50 g de chocolat noir fondu

des fruits variés (bananes, fraises, mangues…)

100 g de M&M's® Peanut

2 cuillerées à soupe de sucre roux

1- Préchauffer le four à 180 °C.

2- Découper la pâte à pizza de manière à obtenir trois pizzas individuelles. Utiliser les chutes de pâte pour former la quatrième.

3- Recouvrir les pizzas de chocolat fondu et de fruits. Saupoudrer de sucre roux, et enfourner pour une vingtaine de minutes jusqu'à ce que la pâte soit dorée.

4- Concasser grossièrement les M&M's®. Saupoudrer les pizzas des éclats de M&M's® et servir chaud.

M&M'S® DES SABLES

15 MIN DE PRÉPARATION – 5 MIN DE CUISSON – 2 H DE REPOS

POUR 4 PERSONNES

100 g de chocolat noir

100 g de chocolat blanc

50 g d'un mélange
de M&M's® Peanut
et de M&M's® Choco

50 g de pétales de maïs
dorés

1- Faire fondre les chocolats dans des casseroles différentes.
Ajouter dans chacune les M&M's® et les pétales de maïs.
2- On peut varier les proportions de garniture selon les goûts.
3- Former des petits tas sur une plaque recouverte de papier
sulfurisé et laisser reposer 2 heures à température ambiante,
le temps que le chocolat se fige.

TRUFFES SURPRISES AUX M&M'S®

30 MIN DE PRÉPARATION – 5 MIN DE CUISSON – 1 H DE REPOS

POUR 12 TRUFFES ENVIRON

100 g de chocolat (noir, praliné ou blanc)

100 g de M&M's® Peanut

60 g de beurre

1 jaune d'œuf

4 cuillerées à soupe de sucre glace

1 pincée de sel

quelques M&M's® Peanut de petite taille pour garnir les truffes

décors alimentaires

1- Réduire les 100 grammes de M&M's® en poudre.

2- Les faire fondre au bain-marie avec le chocolat. Hors du feu, ajouter le beurre coupé en morceaux.

3- Ajouter ensuite le jaune d'œuf, le sel et le sucre glace.

4- Bien lisser le mélange, puis le laisser refroidir 1 heure au réfrigérateur.

5- Au bout de ce temps, prélever une petite cuillère à soupe de pâte. L'aplatir dans le creux de la main et y placer un petit M&M's®. Former une boule en emprisonnant le M&M's® à l'intérieur.

6- Recommencer ainsi jusqu'à ce qu'il n'y ait plus de pâte.

7- Verser quelques cuillerées de paillettes alimentaires dans un bol et rouler les truffes dedans.

8- Stocker au frais et sortir 15 minutes avant dégustation.

44

MONSIEUR M&M'S® AUX PRALINES

30 MIN DE PRÉPARATION – 25 MIN DE CUISSON – I NUIT DE REPOS

POUR 4 TARTELETTES

145 g de farine

85 g de beurre salé, mou

50 g de sucre

1 œuf

1 pincée de sel

1 cuillerée à soupe
de cacao en poudre

3 cuillerées à soupe de
M&M's® Peanut réduits
en poudre

200 g de pralines roses

200 g de crème fraîche
entière

de la pâte à sucre
pour le décor

La veille, travailler le beurre avec le sucre, rajouter l'œuf, puis
la farine, le sel, le cacao et la poudre de M&M's®. Former une
boule, filmer et laisser reposer une nuit au réfrigérateur.
1- Le lendemain, préchauffer le four à 180 °C.
2- Concasser les pralines. Les mélanger à la crème et laisser
frémir sur feu doux pendant 15 minutes en mélangeant
régulièrement.
3- Étaler la pâte à tarte aux M&M's® et foncer quatre moules.
Piquer les fonds à la fourchette, et précuire 10 minutes au four.
4- Verser la garniture aux pralines et enfourner de nouveau
pour 15 minutes.
5- Avec la pâte à sucre, former les yeux et la bouche
de Monsieur M&M's®. Décorer la tarte une fois refroidie.

46

CUPCAKES AUX M&M'S®

30 MIN DE PRÉPARATION – 20 MIN DE CUISSON

POUR 6 CUPCAKES

100 g de farine

100 g de beurre mou

90 g de sucre

2 œufs

1 demi-sachet de levure chimique

quelques gouttes d'extrait de vanille bio

50 g de M&M's® Peanut

POUR LE DÉCOR

2 blancs d'œufs

250 g de sucre en poudre

quelques M&M's® Choco

1- Préchauffer le four à 180 °C.

2- Battre au robot le beurre et le sucre, puis ajouter les œufs, la vanille, la levure et la farine. Quand le mélange est homogène, ajouter les M&M's®.

3- Verser la pâte dans des empreintes à muffins et enfourner pour 20 minutes.

4- Pendant ce temps, monter les blancs d'œufs en neige ferme. Mouiller le sucre de 4 à 5 cuillerées à soupe d'eau, il doit être uniformément détrempé mais pas liquide. Le faire chauffer jusqu'à 121 °C (utiliser un thermomètre à sucre).

5- Verser le sucre cuit en filet sur les blancs, et continuer de battre jusqu'à refroidissement du mélange.

6- Décorer les cupcakes une fois refroidis de cette meringue et de M&M's®.

Astuce : On peut remplacer la meringue par de la crème fouettée.

ULTRA FONDANT AUX M&M'S®

20 MIN DE PRÉPARATION – 20 MIN DE CUISSON – 24 H DE REPOS

POUR 8 PERSONNES

200 g de chocolat noir

100 g de M&M's® Peanut
mixés et réduits
en poudre

150 g de sucre
en poudre

140 g de beurre doux

1 cuillerée à soupe
de farine

2 cuillerées à soupe
de poudre de cacao

50 g de M&M's® Peanut
grossièrement concassés

5 œufs

1 pincée de sel

1 - Préchauffer le four à 150 °C.

2 - Faites fondre les M&M's® en poudre et le chocolat au bain marie (ajouter une noix de beurre si le mélange a du mal à fondre).

3 - Une fois le chocolat fondu, lui ajouter les œufs un par un, le sucre, le beurre, la farine, le sel, les M&M's® concassés et le cacao.

4 - Verser le mélange dans un moule beurré. Déposer le moule dans un plat à gratin rempli de 4 centimètres d'eau bouillante et faites cuire 20 minutes, pas davantage, à 120 °C.

5 - Laisser refroidir, puis placer 24 heures au réfrigérateur avant de déguster.

CRUNCHY CRUMBLE BANANA ET M&M'S®

20 MIN DE PRÉPARATION – 20 MIN DE CUISSON

POUR 4 PERSONNES

100 g de farine

100 g de beurre salé, mou

20 g de sucre roux

4 bananes bien mûres

100 g de M&M's® Peanut

1 cuillerée à soupe de lait

1- Préchauffer le four à 200 °C.

2- Disposer les bananes coupées en rondelles au fond d'un plat à gratin.

3- Dans un saladier, disposer le beurre mou coupé en cubes. Le pétrir du bout des doigts avec la farine et le sucre. Ajouter 1 cuillerée à soupe de lait si le mélange vous paraît trop sec et sableaux, des petites boules de pâte doivent se former.

4- Ajouter les M&M's® réduits en poudre au robot. En garder pour la décoration.

5- Recouvrir les bananes de ce mélange et enfourner pour 20 minutes.

6- Décorer des M&M's® concassés restants.

MACARONS AUX M&M'S®

50 MIN DE PRÉPARATION – 15 MIN DE CUISSON – 24 H DE REPOS

POUR 20 MACARONS ENVIRON

2 blancs d'œufs

70 g de poudre d'amandes

70 g de sucre glace

20 + 150 g de sucre en poudre

POUR LA GANACHE

200 g de chocolat blanc

100 g de crème fleurette entière

100 g de M&M's® Peanut concassés finement

colorants alimentaires

1- Préchauffer le four à 140 °C.

2- Mélanger un blanc d'œuf avec la poudre d'amandes et le sucre glace. Monter l'autre blanc en neige en lui ajoutant 20 g de sucre à mi-parcours.

3- Verser le reste du sucre dans une casserole et le mouiller avec quatre cuillerées à soupe d'eau.

4- Faire chauffer jusqu'à la température de 121 °C (mesurée grâce à un thermomètre à sucre). Faire couler ce mélange en filet sur le second blanc en neige et continuer de fouetter jusqu'à refroidissement.

5- Incorporer cette meringue au mélange blanc, sucre glace, et poudre d'amandes.

6- Disposer sur la plaque du four en tas réguliers ou à la poche à douille, et enfourner entre 10 et 15 minutes jusqu'à ce que les coques soient cuites.

7- Hacher le chocolat blanc. Faire chauffer la crème et la verser sur le chocolat dès qu'elle atteint l'ébullition. Mélanger, ajouter les M&M's®.

8- Répartir la ganache dans des petits bols et lui donner les couleurs des M&M's® avec les colorants alimentaires.

9- Fourrer les macarons de ganache et laisser reposer 24 heures avant de déguster.

PAVLOVA EXPRESS AUX M&M'S®

30 MIN DE PRÉPARATION – I H ENVIRON DE CUISSON

POUR 4 PERSONNES

2 blancs d'œufs

50 g de sucre en poudre

50 g de sucre glace

50 cl de crème fleurette
bien froide

4 cuillerées à soupe
de sucre glace

des M&M's® Peanut
concassés

1- Préchauffer le four à 150 °C.

2- Battre les blancs en neige ferme et ajouter les sucres. Battre
encore 1 minute de manière à obtenir une masse souple
et brillante.

3- À l'aide d'une cuillère à soupe ou d'une poche à douille,
former un gros coussin de meringue ou quatre coussins
individuels.

4- Enfourner pour 1 bonne heure. Les meringues sont prêtes
lorsqu'elles se décollent facilement.

5- Battre la crème fleurette en chantilly, en lui ajoutant
4 cuillerées à soupe de sucre glace.

6- Recouvrir les meringues de chantilly et décorer de M&M's®
concassés.

M&M'S® LOVERS CAKE

1 H 30 DE PRÉPARATION – 40 MIN DE CUISSON – 1 H 30 DE REPOS

2 AMOUREUX

50 g de M&M'S® Peanut réduits en poudre

50 g de chocolat noir

50 g de beurre salé

40 g de farine

10 g de fécule de maïs

100 g de sucre

4 œufs

300 g de ganache aux M&M'S® Peanut (voir recette page 4)

500 g de pâte à sucre blanche (disponible dans les magasins spécialisés en pâtisserie)

quelques My M&M's® pour le décor (disponible sur www.mymms.fr)

1- Préchauffer le four à 200 °C.

2- Faire fondre le chocolat et la poudre de M&M'S® au bain-marie (ajouter une noix de beurre si le mélange a du mal à fondre). Séparer les blancs des jaunes.

3- Fouetter les jaunes et le sucre. Ajouter le beurre fondu, puis le chocolat noir. Incorporer la farine et la fécule.

4- Battre les blancs en neige ferme et les incorporer délicatement au mélange.

5- Verser dans deux moules ronds de 10 centimètres de diamètre, beurrés et farinés. Enfourner pour 35 à 40 minutes. Les gâteaux sont cuits lorsque la pointe d'un couteau ressort sèche.

6- Égaliser la surface des gâteaux à l'aide d'un couteau scie, puis recouvrir le dessus de l'un deux de ganache aux M&M'S®. Déposer le second gâteau au-dessus du premier, puis recouvrir l'ensemble de l'édifice de ganache. Laisser figer 1 heure.

7- Étaler la pâte à sucre au rouleau puis la déposer sur le gâteau de manière à l'envelopper complètement.

8- Décorer avec les My M&M's®.

GÂTEAU COCO-CHOCO AUX M&M'S®

20 MIN DE PRÉPARATION – 25 MIN DE CUISSON – 15 MIN DE REFROISISSEMENT

POUR 15 PETITS PAVÉS ENVIRON

200 g de sucre en poudre

100 g de noix de coco râpée

500 g de mascarpone

200 g de farine

50 g de M&M's® Peanut

50 g de chocolat noir

1 noisette de beurre

quelques M&M's® concassés

1- Préchauffer le four à 180 °C.

2- Mélanger le sucre, la noix de coco, le mascarpone, et la farine jusqu'à obtenir un mélange souple, homogène et collant.

3- Placer dans un moule et enfourner 15 à 20 minutes. Retirez du four dès que les côtés commencent à roussir.

4- Dans le bol du robot, placer les M&M's® et le chocolat découpé en carrés. Mixer par à-coups de manière à obtenir une poudre grossière.

5- Dans une casserole au bain-marie, faire fondre cette poudre (en rajoutant une noix de beurre si la fonte ne se fait pas bien).

6- Quand le mélange est fondu, laisser refroidir une quinzaine de minutes.

7- Verser le glaçage sur la plaque de fondant coco, découper en pavés, puis décorer avec des éclats de M&M's® concassés.

MOUSSE CROUSTILLANTE AUX M&M'S®

20 MIN DE PRÉPARATION – 5 MIN DE CUISSON

POUR 4 PERSONNES

150 + 100 g de M&M's®
Peanut

100 g de chocolat noir

4 blancs d'œufs

1- Broyer les 150 g de M&M's® au robot jusqu'à obtenir une poudre fine. Faire fondre cette poudre au bain-marie avec le chocolat noir. Si le mélange a du mal à fondre, rajouter une noix de beurre.

2- Monter les blancs d'œufs en neige ferme.

3- Incorporer vivement un quart des blancs montés au mélange M&M's® et au chocolat fondu. Puis incorporer délicatement les blancs restants, en deux ou trois fois.

4- Concasser grossièrement les 100 g de M&M's®. Alterner les couches de mousse et les M&M's® concassés.

REMERCIEMENTS

Ce livre n'aurait jamais vu le jour sans la gentillesse et le talent d'Ilona Chovancova, ni la confiance de Kathie Fagundez, Marie-Ève Lebreton et toutes les équipes de Marabout. Un grand merci à tous.

Shopping : Claire Guignot
Suivi éditorial : Marie-Ève Lebreton
Relecture : Véronique Dussidour
Mise en pages : Gérard Lamarche
© Hachette Livre (Marabout) 2012
ISBN : 9782-501-07737-8
41 1793 3
Achevé d'imprimer en février 2012
sur les presses d'Impresia-Cayfosa en Espagne
Dépôt légal : avril 2012